Volunteer
Log book

Personal Details

Name: ————————————————

Phone no: ————————————————

Email: ————————————————

Address: ————————————————

_____

Signature: _____

Log Book Details

Log start date: _____

Log book number: _____

Notes: _____

_____

_____

_____

Content

Date	Subject	Page

Content

Date	Subject	Page

Content

Date	Subject	Page

Content

Date	Subject	Page

Notes

Date:

Notes

Date:

Notes

Date:

Notes		Date:

Notes

Date:

Notes   Date:

Notes

Date:

Notes

Date:

Notes

Date:

Notes

Date:

Notes   Date:

Notes   **Date:**

Notes

Date:

Date:

Notes

Date:

Notes   **Date:**

Notes

Date:

Notes

Date:

Notes   *Date:*

Notes   **Date:**

_____
_____
_____
_____
_____
_____
_____
_____
_____
_____
_____
_____
_____
_____
_____
_____
_____
_____
_____
_____
_____
_____
_____
_____
_____
_____
_____
_____
_____
_____

Notes   Date:

_____
_____
_____
_____
_____
_____
_____
_____
_____
_____
_____
_____
_____
_____
_____
_____
_____
_____
_____
_____
_____
_____
_____
_____
_____
_____
_____
_____
_____
_____
_____

Notes

Date:

Notes   Date:

33

Notes

Date:

Notes

Date:

Notes

Date:

Date:

Date:

Notes

Date:

Notes

Date:

Notes   **Date:**

Notes   Date:

Notes

Date:

Notes

Date:

53

Notes   Date:

Notes		Date:

Notes   Date:

Notes

Date:

Notes   Date:

Notes

Date:

Notes

Date:

Notes

Date:

Notes   Date:

Notes   **Date:**

Notes

Date:

Notes   Date:

Notes		Date:

Notes

Date:

Notes

Date:

Notes

Date:

Notes

Date:

Notes

Date:

Notes

Date:

Notes

Date:

Notes

Date:

Notes

Date:

Notes

Date:

Notes   Date:

_____
_____
_____
_____
_____
_____
_____
_____
_____
_____
_____
_____
_____
_____
_____
_____
_____
_____
_____
_____
_____
_____
_____
_____
_____
_____
_____
_____

Date:

Notes   **Date:**

97

Notes   Date:

Date:

Notes

Date:

Notes

Date:

Notes

Date:

Notes

Date:

www.ingramcontent.com/pod-product-compliance
Lightning Source LLC
Chambersburg PA
CBHW052111110526
44592CB00013B/1565